Cosas que hacer

Dona Herweck Rice

—¡Mamá estoy
aburrido!
—dijiste.

—¿Qué quieres hacer?

Este libro te mostrará
una cantidad de cosas
maravillosas que hacer.

Puedes jugar. Jugar es
algo estupendo que hacer.

Puedes jugar sólo o con amigos. Debes jugar todos los días.

Puedes hacer ejercicio.
Te hará fuerte y saludable.

Puedes descansar.
Necesitas descansar
todos los días.

Puedes cuidar a tu
mascota. Tu mascota
necesita alimento y cariño.

Tu mascota también te
puede querer.

Puedes leer.

La lectura es buena para ti. Fortalece tu cerebro.

Puedes aprender.
Aprendes en la escuela
todos los días. También
puedes aprender en la casa.

Puedes ensayar algo nuevo. ¿Sabes montar en bicicleta? ¿Sabes pintar un cuadro? Pruébalo.

Puedes compartir con
tu familia.

No importa lo que hagas con tu familia. Simplemente es bueno estar juntos.

Puedes estar a solas. A veces esa es la mejor cosa que hacer.